# DE

# LA NÉCESSITÉ

## D'AUGMENTER LE NOMBRE

## DES DÉPUTÉS.

IMPRIMERIE DE MADAME JEUNEHOMME-CRÉMIÈRE,

RUE HAUTEFEUILLE, Nº 20.

# DE
# LA NÉCESSITÉ
## D'AUGMENTER LE NOMBRE
## DES DÉPUTÉS,

*Dediée*

*A MM. les Membres*

*Des Deux Chambres.*

PAR M. J**** D******.

*Esto perpetua.*

# PARIS,

CHEZ **PLANCHER**, Libraire, rue Poupée, no 7.

1819.

# DE

# LA NÉCESSITÉ

## D'AUGMENTER LE NOMBRE

## DES DÉPUTÉS.

———

Cet écrit sera peut-être inutile. Je veux établir une vérité qui n'est contestée que par l'esprit de parti ou de domination ; et l'on ne détrompe pas facilement les erreurs de l'opinion, les illusions de la puissance.

Cependant mon entreprise ne manque pas de justification : nos vices ont toujours duré, et les moralistes les poursuivent encore. Eux aussi ils ne craignent pas un combat où ils sont presque sûrs de ne pas vaincre.

Mon vœu a été souvent exprimé ; mais pour fortifier de pareilles opinions aux yeux même de ceux qui les prononcent, il n'est pas mauvais de les montrer méditées, et sur-tout autorisées par l'histoire.

D'ailleurs en politique, l'assentiment même général n'est pas un hommage suffisant à la vérité ; elle en attend un autre : elle n'est satisfaite que le jour où elle est mise en pratique. Chaque citoyen doit, non comme un esclave qui se plaint, non comme un maître qui commande, mais comme un observateur inquiet, comme un moraliste sévère, réclamer sans relâche cette pratique de la vérité, en revendiquer les bienfaits.

Depuis quatre ans on désire l'augmentation du nombre des députés; on la désire en vain; ce qui prouve qu'on ne veut pas nous l'accorder, auquel cas notre droit de la demander se change en une obligation de la demander encore, ou qu'on doute de son avantage, et alors il devient nécessaire de le prouver.

Notre première assemblée délibérante, l'assemblée constituante, était composée de douze cents membres. Elle fixa leur nombre, pour les législatures suivantes, à sept cent quarante-cinq, ainsi furent composées l'assemblée législative et la convention; le conseil des cinq cents leur succéda. Bonaparte, qui se rappela que le parlement anglais avait été pour Henri VIII et Elisabeth un merveilleux instrument de despotisme, conserva le corps législatif; mais il réduisit le nombre des députés à trois cents.

Lorsque le roi revint, dans une charte qui consacrait les principes les plus purs du gouvernement représentatif, on vit avec étonnement l'article 36, ainsi conçu : « Chaque dé-« partement aura le même nombre de dépu-« tés qu'il a eu jusqu'à présent. » Quoi! les institutions d'un gouvernement absolu lui survivront-elles? Seront-elles mises en usage par un gouvernement constitutionnel? Devons-nous nous en rapporter à un despote pour poser les premiers fondemens de notre liberté ?..... Telles étaient nos réflexions involontaires : au milieu d'un œuvre de sagesse, on frémissait de retrouver encore l'empreinte de la main du tyran.

Mais sans s'attacher à cette crainte, qui ne serait au reste qu'un préjugé, si l'on remonte aux principes de la représentation, on trouvera que la réflexion fait de ce préjugé une vérité, et qu'une chambre de trois cents membres, suffisante sous Bonaparte, où son emploi était de prêter son nom à des décrets, réduite à deux cent cinquante par la perte des départemens réunis, est insuffisante pour un gouvernement libre, et sur-tout pour celui de la France.

Quel est le principe du gouvernement représentatif ? C'est que la nation est libre, a le droit de se donner des lois, mais que trop nombreuse pour se réunir, comme autrefois les habitans d'Athènes ou de Rome, elle choisit des citoyens pour agir en son nom, pour créer, ou modifier, ou défendre sa liberté. C'est déjà un malheur, comme le dit Rousseau, que la nation soit obligée de se faire représenter, car elle ne se donnera plus elle-même des lois ; mais ce malheur est forcé par la nature des choses ; et au milieu de l'impuissance de s'y soustraire, reste le pouvoir de l'adoucir.

Mais quels moyens employer ? Ils sont faciles. Puisque l'inconvénient est que beaucoup soient représentés par peu, l'inconvénient diminuera à mesure que le nombre des représentans augmentera. Plus ils seront nombreux, plus la patrie aura de voix dans ses conseils, et plus leur volonté perdra de son individualité et se rapprochera de la volonté générale. Comme la liberté du peuple dépend de la puissance de sa volonté, à mesure que la volonté de ses représentans se conformera plus à la sienne, il deviendra plus libre, et son gouvernement approchera plus de la perfection ; je dis approchera : la nature des choses l'empêche seule d'y parvenir.

Cette théorie aura le sort de celle de Rousseau, sur laquelle elle est fondée : on répondra qu'elle est absurde, mais on ne trouvera pas un raisonnement pour la détruire.

Elle nous montrera bien mieux le vice de notre représentation, si nous l'appliquons au gouvernement de l'Angleterre.

Pour douze millions d'habitans, l'Angleterre a, dans la chambre des communes, six cent soixante représentans. On me dira qu'elle pourrait en avoir plus, et que, d'après mes principes, elle le devrait pour être plus libre.

Je ne prétends pas que l'Angleterre ait toute la liberté à laquelle elle pourrait aspirer. Ses députés pourraient être plus nombreux, ses lois pourraient être une expression plus certaine de la volonté générale ; mais quelque soit son gouvernement, comparons-le avec le nôtre. Tel qu'il est, cent trente ans d'une noble liberté, la sagesse de ses lois, le bienfait d'une perpétuelle amélioration, lui donnent le droit de servir de modèle à tous les peuples qui veulent être libres, et doivent réduire notre ambition au désir de l'égaler.

Eh bien ! si pour représenter douze millions d'habitans, l'Angleterre a six cent soixante députés, conçoit-on que la France, pour ses vingt-huit millions, en ait deux cent cinquante ! L'exemple des Anglais ne nous condamne-t-il pas ? La force et la durée de leur gouvernement ne nous prédisent-elles pas la faiblesse et peut-être la chute du nôtre ?

Sous le régne de Henri VI, je vois trois cents membres dans la chambre des communes ; à l'avénement de Jacques I au trône, j'en vois quatre cent trente-deux ; à celui de Charles I, quatre cent quatre-vingt-quatorze ; au temps où écrivait Blackstone, ils étaient de cinq cent soixante-huit, et ce grand publiciste s'en plaignait, et il disait : « S'il y avait « quelque changement à désirer dans la forme « actuelle des parlemens, ce devrait être en « faveur d'une représentation plus étendue « et plus complète du peuple anglais. » Aujourd'hui leur nombre est monté à six cent soixante : ainsi, il a cru à proportion de leur liberté ; ainsi on aurait pu, sur le nombre des députés anglais, mesurer le degré de liberté dont jouissait l'Angleterre. Quelle idée se ferait-on de la nôtre, si on en jugeait par le nombre de nos députés ?

Il faut que le nombre des députés soit proportionné à celui des commettans ; je l'ai prouvé par les principes de la représentation ; je vais le confirmer par un autre principe.

L'histoire nous apprend que plus un empire est étendu, plus il est exposé aux entreprises du despotisme. Cela se vit à Rome ; ce qui facilita son asservissement, c'est qu'elle était devenue la maîtresse du monde. Les empires de l'Orient en seront des preuves éternelles.

Le gouvernement représentatif peut retarder, mais non pas exclure cet effet. Pour régir un plus grand empire, il faut au pouvoir exécutif de plus forts instrumens ; il aura plus d'employés civils, c'est-à-dire plus de puissance secrète ; il aura de plus grandes armées, c'est-à-dire plus de moyens d'asservir au besoin ; il sera plus riche, et ses richesses seront autant de moyens de corruption et par conséquent de puissance : à la tête d'une grande nation, il s'environnera d'une pompe digne d'elle. L'opinion publique qui admire tout ce qui est brillant se soumettra : il imposera au peuple ; il imposera bientôt à ses représentans.

Or, le seul moyen de prévenir cette usurpation de la puissance exécutive, c'est de la balancer par la force du corps législatif, c'est d'augmenter le nombre des députés, car leur force croîtra avec leur nombre.

Ceci n'a pas besoin de preuve. Comme l'enthousiasme, l'énergie se communique. Plus les hommes sont nombreux, plus cette énergie augmente : il n'y a pas de ces momens de torpeur qu'amènent la lâcheté, la paresse ou l'indécision, parce que les lâches se cachent dans la foule et ne gâtent personne.

Il est souvent plus d'irrésolus que de lâches :

or, quelque soit le nombre des députés, plus il y aura d'hommes courageux, plus ils auront de force pour entraîner les irrésolus : ceux-ci se rassureront sur leur avis lorsqu'ils le verront plus partagé; et d'ailleurs, en face d'une nation, les hommes indécis penchent plutôt vers le parti le plus généreux; ils ne regardent pas si le nombre des lâches excusera leur lâcheté, mais si le nombre des hommes courageux la condamnera. Qui ne voit pas une preuve de force, dans le raliement presque nécessaire de tous ceux qui n'ont pas de parti au parti le plus courageux?

Le courage, l'énergie d'une assemblée dépend souvent d'un seul homme qui s'écrie, comme Vergniaux : « Mes amis, à nos places ! « c'est-là qu'il faut mourir ! » augmentez, augmentez le nombre des députés pour y rencontrer ces hommes-là !

Ajoutez que cette chambre, dont la force est dans le peuple qu'elle représente, a besoin d'en être respectée. Les grands corps ont toujours été plus honorés. Le peuple obéit plus facilement à leurs lois, parce qu'il les soupçonne moins d'erreur. Ne pouvant mesurer toute la sagesse que renferme une nombreuse réunion, il y croit et lui obéit sans la juger.

Ainsi le corps législatif, plus nombreux se trouve, et par lui-même et par le respect du peuple, plus fort contre le pouvoir exécutif.

Il est singulier que cette vérité ait frappé un historien de l'antiquité. Sous les premiers rois de Rome, le sénat qui confirmait leur élection, était une espèce de barrière à leur autorité. Le soin que Tarquin le Superbe, en montant sur le trône, prit de gagner les sénateurs que son aïeul avait admis dans le sénat nous le prouve. Lorsque ce même Tarquin voulut se débarasser de cette autorité importune; comment s'y prit-il? Les condamnations et les exils en avait diminué le nombre. «´ *Imminuto numero*, dit Tite Live, « *statuit nullos in patres legere quo contem-* « *ptior paucitate ipsá ordo esset.* » Lorsque le nombre des sénateurs fut diminué, il ne voulut pas en choisir de nouveaux pour que l'ordre fut plus méprisable par sa faiblesse.

Ce danger de la faiblesse du corps législatif, que nous ne sentons pas maintenant, peut nous surprendre un jour; son effet peut être de perdre notre liberté ; et pour les peuples, cette perte est un si grand malheur ; ce malheur est si irréparable que nous devons le combattre avant même de le craindre. Dans les gouvernemens profiter de l'expérience n'est qu'un devoir ; la prévenir est une sagesse.

Les circonstances où nous sommes nous commandent ce soin : le souvenir de deux gouvernemens vit encore parmi nous; le temps seul pourra détruire ce souvenir; mais nous au moins, prévenons-en les effets.

Les idées qui soutenaient l'ancienne monarchie lui ont survécu, ont traversé la révolution : qui nous assurera que quelque imitateur de François I ou de Louis XIV ne cherchera pas à les mettre à profit, ne réu-

nira pas autour de lui cette noblesse « qui,
« dit Montesquieu, tient à honneur d'obéir
« à un roi, mais regarde comme la souve-
« raine infamie de partager la puissance avec
« le peuple, » ne rappelera pas ces parlemens qui, transformés en tribunaux, ne se
consolent peut-être pas de la perte de leur
ancien pouvoir par leur nouvelle indépen-
dance ? qu'opposerons-nous à des entreprises
qui, dans d'éclatans souvenirs, trouvent une
espèce de justification ? qui pourra les arrê-
ter ? la force de notre chambre.

Certes, les idées de la gloire ne sont pas non
plus éteintes dans les cœurs français, et si
elles peuvent nous servir, elles peuvent nous
nuire. Qui nous assurera que quelque nouveau général n'en abusera pas, ne fera pas
oublier à son armée la patrie pour les con-
quêtes, la liberté pour la victoire ; ne nous
vaincra pas à force de vaincre nos ennemis,
et ne reviendra pas au milieu de nos représentans, leur reprocher, sinon d'avoir violé la
constitution, du moins, et avec raison, de n'a-
voir pas su l'établir ? qui pourra les garantir
de cette usurpation ? leur force, leur puissance sur l'esprit du peuple, et puisque de
leur nombre dépendent cette force et cette
puissance, leur nombre.

Me dira-t-on qu'à force de vouloir assurer
la chambre contre le roi, je vais soumettre
le roi à la chambre ? me rappelera-t-on la
chute de Charles I et de notre infortuné
Louis XVI ? Si je pouvais craindre que le
changement que je demande n'amenât de tels

résultats, s'il me fallait choisir entre le despotisme et l'anarchie, je n'aurais pas choisi ;
je me serais tu. Mais je suis loin de craindre
un pareil danger. Lorsqu'un gouvernement
tel que le nôtre est établie et éprouvé, il est
difficile que le peuple soit porté à le renverser. « La puissance législative, dit Black-
« stone, ne peut ôter à la puissance exécu-
« tive, sans son consentement, aucun des
« droits dont les lois l'ont revêtue, puisque
« la constitution doit rester éternellement
« comme elle est, à moins que toutes les puis-
« sances de l'état ne soient d'accord pour la
« changer. » Je conçois que dans les premiers jours d'une liberté nouvelle, les fon-
dateurs de cette liberté soient entraînés eux-
mêmes à détruire leur ouvrage, parce qu'en
se donnant des règles, ils ne déposent pas
l'enthousiasme qui les a inspirées, parce que
cet enthousiasme a besoin de s'exercer encore, qu'il les porte plus loin, et que de là
ils détruisent facilement des bornes que ne
peuvent souffrir leurs passions nouvelles et
qui, placées par eux, n'obtiennent pas leur
respect ; mais lorsqu'un gouvernement n'a
pas été élevé par les passions, il n'a pas à les
craindre ; il les comprime plutôt ; elles s'or-
donnent selon ses intérêts ; et si on combat,
ce n'est plus pour un vain nom, qui, n'étant
pas défini, n'est jamais satisfait et permet tous
les égaremens ; mais pour quelque chose
de positif que les passions respectent et ne
peuvent franchir.

Et, d'ailleurs, le peuple n'est pas facile-

ment usurpateur. « Dans les gouvernemens
« mixtes, tels que celui de l'Angleterre, dit un
« sage historien, quoique, suivant la variété
« des préventions et des intérêts, les uns
« s'attachent avec plus de passion au parti
« royal, et d'autres au parti populaire, le
« gros de la nation penche toujours à con-
« server la constitution. »

Bien loin de craindre que la chambre ne
devienne plus usurpatrice à mesure qu'elle
serait plus nombreuse, je croirais plutôt au
péril contraire.

Il en est des corps comme des hommes : c'est
souvent la crainte qui les rend ambitieux.
Ils veulent agrandir leur pouvoir pour le
rendre plus sûr; c'est ce qui a forcé tous les
usurpateurs à être conquérans. Le corps législatif, moins nombreux, moins fort, aurait
plus à craindre de l'influence du pouvoir
exécutif ; mais si jamais il était secondé par
les circonstances, par un moment d'enthousiasme du peuple, il serait porté à se venger
de la crainte, par l'usurpation, à s'en affran-
chir par la ruine du pouvoir exécutif.

C'est la crainte, se vengeant par l'usurpation, qui explique les deux grandes ca-
tastrophes de l'Angleterre et de la France.
L'Angleterre vit ses fanatiques représentans
trembler au seul souvenir de deux religions
qu'ils avaient proscrites ; ils trouvaient, dans
le roi, un protecteur naturel de la religion
anglicane, et, portant sur lui les craintes
qu'elle inspirait à leur fanatisme, les presby-
tériens et les indépendans renversèrent le

trône pour se délivrer des terreurs que bientôt après ils s'inspirèrent mutuellement.

La crainte du retour des priviléges pro-
duisit le même effet en France. Les derniers
auteurs de notre révolution ( je ne parle pas
de l'assemblée constituante ) avait pour but
principal de détruire l'ancien ordre de choses;
celui de fonder la liberté n'était que l'acces-
soire. Mais les abus n'existaient plus ; ce qu'ils
attaquaient étaient de sages institutions qui,
ayant leurs racines dans nos mœurs, résistaient à leurs tentatives, et menaçaient, par
leur seule existence, les monstrueuses inno-
vations de leurs destructeurs. Ils multipliaient
leur fureur de détruire, à proportion de
cette résistance et de la terreur qu'elle leur
inspirait.

Je n'examine pas combien il y avait de
députés dans la chambre des communes de
Charles I, quoiqu'elle fût moins nombreuse
qu'elle ne l'a été depuis; dans la convention,
quoiqu'elle fût moins nombreuse que l'assemblée constituante ; je veux seulement
montrer qu'elles craignaient le pouvoir exécutif, que leurs craintes les armèrent pour le
renverser. Ainsi augmentez la chambre : vous
ne mettrez pas le roi en péril ; mais vous ac-
croîtrez sa sûreté de la force du corps que
vous redoutez.

Il est un ascendant, d'une nature différente
de celui dont j'ai parlé, que le grand nombre
des députés ravira au pouvoir exécutif. Ce
sera autant de gagné pour la liberté. Et que
l'on ne me reproche pas d'armer toujours la

nation contre le roi ; ces précautions sont de la nature d'un gouvernement limité. « La dé-
« fiance du pouvoir royal, dit un grand his-
« torien, est la vraie base de la constitution
« anglaise, et le principe auquel la nation
« est redevable de la liberté dont elle jouit
« plus parfaitement que les sujets d'aucune
« monarchie ; cette défiance, quoique plus ou
« moins vive en différens temps, ne peut
« jamais s'endormir avec sûreté sous les
« princes, même les meilleurs et les plus
« sages. »

C'est ce même Hume qui nous apprend que l'influence du ministère est nécessaire dans les gouvernemens limités ; mais que si on en abuse, elle peut devenir irrésistible.

Je doute qu'elle soit nécessaire : tout homme qui est voué d'avance à l'opinion d'un ministre, prive sa patrie du tribut de sa conscience et, par suite, de ses lumières. Il est difficile d'aller soutenir à la face de la nation une opinion que l'on désavoue au fond de son cœur ; et je ne croirai jamais que les illusions de l'intérêt qui attachent tant de députés à la suite des ministres, soient telles qu'elles imposent silence à leur jugement, à leur conviction. Forcés de se taire, ils sont inutiles. A quoi serviraient en effet dans une assemblée, des hommes qui, choisis par leurs concitoyens pour leurs vertus, les abandonnent aux caprices d'un ministre ; pour leur patriotisme, le mettent dans l'attachement au gouvernement, bon ou mauvais ; pour leur fermeté, la mettent dans une obstination d'o-



2

-béissance à la volonté d'autrui , malgré la voix de leur raison et de leur conscience ; enfin pour leurs talens , les abjurent , et se réduisent à ne plus parler , en renonçant à penser ? Non , dans aucune assemblée , de tels hommes ne sont nécessaires ; ils ont consacré au ministère tout ce qu'ils ont , leur vertu , leur fermeté , leurs talens , leur patriotisme ; il ne leur reste plus rien pour la patrie.

On me répondra : mais le ministère aura toujours le dessous ! ... Quoi donc ? supposez-vous qu'il n'y aura pas d'hommes dans la chambre qui soient touchés de l'intérêt de la nation ? Doutez-vous que ce ne soit le but de tous ceux qui ne sont pas vendus d'avance ? N'êtes-vous pas assuré que l'on s'attachera bien plutôt à l'amour de la patrie , qu'à la haine du ministère ; et, si vous en convenez , supposez-vous donc que les projets du ministère ne seront pas d'accord avec cet amour de la patrie ? Alors il est important que le ministère ait le dessous ; il sera indigné de sa défaite ; la patrie en jouira.

Mais l'usage !..... l'usage ne peut prescrire contre le bon sens et l'intérêt du peuple ; il ne peut autoriser la corruption. J'avoue que du moins il nous en présage la durée. Il y aura toujours des hommes que leurs places attacheront à ceux qui les dispensent et les enlèvent , que des pensions achèteront à ceux qui les prodiguent et les suppriment ; viendront peut-être des Clifford et des Danby qui ne négligeront pas au besoin une corruption plus odieuse : nous ne pouvons aspirer à dé-

truire cet usage; cherchons du moins à para-
lyser ses effets et sur-tout à lui enlever cette
force irrésistible dont le dernier résultat né
peut être que l'asservissement de la patrie.

Plus le nombre des députés augmentera
moins le ministère aura d'influence dans les
délibérations.

Malgré mon intention de tout prouver, je
n'insiste pas ici; la vérité est trop évidente;
elle me dispense de preuves.

Qui pourrait nier qu'il est plus facile à un
ministre d'influer sur une délibération de
deux cent cinquante personnes que sur une
de neuf cents; qu'il lui est plus facile, dans
une élection, de diriger les voix sur un ou
deux députés, que sur huit ou dix?

Puisque les moyens de borner cette influence sont si simples, pourquoi les négli-
gerions-nous? ce serait une conquête pour
la morale publique de rendre la corruption
impossible; c'en sera une pour la liberté de
la rendre impuissante.

Ah! si le peuple est déjà déchu de sa liberté lorsqu'il remet à quelques hommes le
pouvoir qu'il devrait avoir seul de se donner
des lois, c'est-à-dire un joug, au moins puisse-
t-il avoir, dans le nombre de ses députés, une
garantie contre l'obligation de les nommer.
Assurons-le que leurs lois ne seront jamais
inspirées que par ses intérêts et leur sagesse:
Que des ministres, à l'aide d'honneurs, de
places, de pensions ou d'argent, n'achèteront
pas pour leurs désirs le nom de sa volonté;
et puisqu'il est presque impossible que des

hommes ne cèdent à l'appât des espérances ou des bienfaits que peut dispenser le pouvoir, étouffons leur voix en multipliant les voix libres, ne souffrons pas qu'ils nous donnent pour lois des volontés qui ne leur appartiennent même pas ; ne permettons pas à l'obéissance d'usurper les droits que nous donnons à l'indépendante sagesse.

Je vois naître pour l'état et pour le pouvoir exécutif lui-même un avantage nouveau : chaque département aura plus de confiance pour dix députés que pour deux ; la France craindra moins les lois de neuf cents que de deux cent cinquante députés ; elle sera plus sûre de leur incorruptible liberté ; de cette confiance, naîtra l'obéissance aux lois ; de cette obéissance, le repos et la force de l'état. le pouvoir exécutif n'aura plus d'obstacles dans la marche que lui permet la constitution ; les ministres obéis, n'auront pas besoin de ruser avec le peuple et d'obtenir par usurpation ce que la défiance pourrait leur refuser.

Une chambre forte contre les violences ou les séductions du pouvoir exécutif, voilà pour la liberté du peuple ; une chambre sage, voilà pour son bonheur.

Une bonne constitution établie, assurée, si l'on veut, par la force de ses soutiens, permet les bonnes lois, mais elle ne les enfante pas.

Les représentans de la nation ne sont pas seulement ses défenseurs, ils sont aussi ses législateurs ; il leur faut de la liberté pour la défendre, des lumières pour lui donner des lois. Or, plus il y aura de députés, plus ils mettront en commun de lumières.

Dans un pays aussi vaste que la France, il y a tant d'intérêts divers, le commerce et l'agriculture y sont divisés en tant de branches, les soins de l'administration y sont si vastes, que la chambre, qui doit être comme présente par-tout, ne peut avoir avoir trop de moyens de surveillance. Mais les plus beaux génies ne peuvent tout embrasser : pour chaque sorte d'affaire, le meilleur conseiller sera celui qui l'aura méditée toute sa vie. Multipliez les députés, rien ne sera étranger à la chambre.

Je connais un département qui nomme quatre députés : il est éloigné de la capitale; les cabales y sont moins actives : à ses dernières élections, les électeurs se consultèrent, et nommèrent, d'un commun accord, un militaire, un avocat, un négociant et un propriétaire; ils voulaient faire représenter les intérêts des principaux corps du département. Il faudrait que la chambre fût composée sur ce plan; que non-seulement les classes générales, mais aussi toutes les classes qui peuvent avoir en France quelque intérêt particulier, eussent des représentans à la chambre; sans cela, il est à craindre qu'on ne néglige ce que l'on ignore. Ces classes ne jouissent pas des bienfaits du gouvernement représentatif.

Cette idée, si conforme à la raison, n'est pas inconnue en Angleterre. Jacques I accorda aux deux universités d'Oxford et de Cambrige le privilége d'envoyer deux membres de leur corps au parlement, pour y représenter les étudians, « personnes utiles à la société, dit « Blackstone, mais qui n'ont rien de commun « avec le commerce ni avec la propriété des « biens, et dont les représentans n'ont de « place dans la chambre des communes que « parce qne la république des lettres mé- « rite d'y avoir des protecteurs. » Ce que Blackstone accorde à la république des lettres, le privilége d'avoir des protecteurs, ne doit-il pas être accordé aussi aux arts, qui font l'ornement de l'état; à toutes les branches de commerce, d'agriculture, qui chacune, selon leur objet, contribuent à en faire la puissance? et si leur variété empêche que l'on n'assigne à chacune d'elles un nombre fixe de représentans, au moins offrons-leur plus de chances pour en avoir.

Jetons les yeux sur l'état actuel de la représentation. Il y a des départemens qui n'ont qu'un seul représentant. Comment se fait l'élection? Si le département est riche de quelques productions particulières, comme les sels, les bois, etc.; si, placés sur les frontières, il fait avec l'étranger quelque commerce particulier, les habitans qui y sont intéressés veulent être représentés, les hommes de loi veulent l'être, les négocians veulent l'être, les propriétaires veulent l'être, les nobles veulent l'être, les tribunaux veulent l'être, leurs voix se divisent, le ministère intervient; le procureur du roi est nommé. Personne n'est représenté.

Il n'y a que trois départemens qui nomment un député, je le sais ; mais ce qui se dit pour trois, ce qui se dit pour un seul, est aussi fort que ce qui se dirait pour vingt ; car une seule injustice permise, et sur-tout ordonnée par une loi, prouve un vice dans cette loi.

D'ailleurs ce qui a lieu pour le département qui nomme un député, a lieu à peu près pour celui qui en nomme deux, et, je rougis de le dire, il y a en France trente-deux départemens qui sont réduits à ce nombre.

Permettez donc à toutes les classes de chaque département l'espoir d'être représentées à la chambre. Quoique chaque député en y entrant devienne, comme le dit Delolme, l'homme de la nation, il n'en reste pas moins en même temps l'homme de son département. Si chaque département ne donne point à ses députés des cahiers pour leur apprendre tous ses intérêts, il est important qu'il ait assez de députés pour qu'aucun de ces intérêts ne soit ignoré, oublié ou négligé.

Il est impossible de fixer le nombre des députés, d'après toutes les circonstances locales ; mais plus vous augmenterez la représentation, plus vous embrasserez d'intérêts particuliers, plus vous rendrez probable qu'ils auront leurs représentans, plus votre représentation sera parfaite.

Que si nous pensons avec Blackstone, que les députés n'entrent pas à la chambre pour les seuls intérêts de leurs constituans, mais aussi pour ceux de la nation entière : combien leur grand nombre va devenir important à nos yeux !

Ce qui fait la sagesse d'une assemblée, c'est le nombre des hommes de talens, l'ascendant des hommes de génie. Le nombre des hommes de talens augmentera sûrement avec celui des députés, et leur puissance avec leur nombre. Je sais bien que le nombre des hommes sans talens augmentera aussi ; mais ils ne sont pas un obstacle à la puissance des premiers ; ils la secondent en lui cédant.

Soumise aux méditations d'un plus grand nombre d'hommes instruits, soit dans les bureaux, soit à la tribune ; corrigée par une scrupuleuse attention, éclairée par une sage analyse, fortifiée par une longue contradiction, la loi sort de ces épreuves, épurée d'erreurs et de préjugés, dignes de ceux qui la font et de ceux qu'elle doit régir. En diminuant le nombre des talens, vous réfroidissez ces nobles discussions ; vous enlevez aux lois le caractère qui peut seul faire oublier aux peuples qu'elles n'émanent pas de lui, en les rendant à ses yeux dignes d'en émaner, je veux dire le privilége d'avoir été produites par les efforts du talent réunis aux inquiétudes de la sagesse.

De même que vous aurez plus d'hommes de talent, vous aurez plus d'hommes de génie.

Sont-ils nécessaires ? Ces grandes influences d'un orateur sont-elles salutaires ? Ici je m'arrête ; j'ai un préjugé à détruire.

On croit vulgairement que l'influence d'un

orateur est funeste ; on suppose que par l'enthousiasme il conduira toujours au mal, et on ne songe même pas qu'il puisse quelquefois conduire au bien ; car si on le supposait, on balancerait : cette opinion insulte et le génie et les hommes.

Chez les peuples anciens les influences dangereuses pouvaient être aussi faciles que les heureuses influences : l'orateur s'exerçait sur une populace grossière ; dès qu'il parvenait à l'agiter, ce n'était pas de patriotisme, de gloire, de liberté qu'elle était animée ; c'était d'une violente émotion sans but, d'une passion sans dessein, d'un transport, d'un délire : elle était alors capable de tout. Aux accents du premier Brutus elle chassait ses tyrans, et gagnait sa liberté ; aux accents d'Antoine elle pleurait César, poursuivait le second Brutus, et avertissait tous les Romains d'être ou de servir ses tyrans.

Ces souvenirs de l'antiquité vivent encore parmi nous ; ils nous environnent dès notre enfance ; ils nous charment toujours : ils nous égarent souvent.

On devrait pourtant voir une différence : ce n'est plus à une populace qui ne se décide que par fureur, que l'orateur s'adresse ; c'est à une assemblée d'hommes que leur âge, leurs talens, leur sagesse, préservent des emportemens de l'enthousiasme ; les influences sont parmi nous très-difficiles.

Ce qui les rend si rares, ne les permet que favorables. Qui s'oppose à l'influence d'un orateur ? la sagesse de ceux qui l'écoutent, la fermeté d'opinion qui naît de cette sagesse. S'il choque la disposition où ils se trouvent, il ne les remuera pas; ils seront dès l'abord prévenus contre lui : mais s'il seconde leurs vues sages, alors ils le suivront dans les élans de son talent. Si quelqu'intérêt particulier, quelque timide scrupule les arrêtait, tout s'applanirait à la voix de l'orateur. Echauffant les calculs de la raison, les conseils de la sagesse du feu des passions qu'il tirera de son âme et qu'il répandra autour de lui, il sera éloquent et puissant, mais au profit de la patrie; ainsi Mirabeau disputant, à toutes les passions humaines, des biens qu'elles aimaient mieux consacrer à la molesse et au luxe qu'aux besoins de la France, montrait à ceux qui lui résistaient, la hideuse banqueroute et l'abîme qu'elle ouvrait sous leurs pas, et obtenait un sacrifice pour la patrie de l'épouvante qu'avait excité son éloquence. Ainsi Barnave, rappelant les principes de la liberté qui commençait à perdre sa pureté originelle, défendait les prérogatives royales, criait aux Français cette grande vérité : « tout le monde « doit sentir que l'intérêt commun est que « la révolution s'arrête; » et enlevant à l'enthousiasme ce que lui refusaient des erreurs réfléchies, arrêtait, pour un moment, cette terrible révolution que sa retraite devait permettre, que sa mort devait déshonorer.

Que l'on ne perde pas de vue, d'ailleurs, qu'il est impossible que ces influences soient funestes dans notre gouvernement. La chambre des pairs existe pour surveiller la chambre des députés, et le mal que celle-ci pourrait faire dans son enthousiasme, serait réparé par l'autre dans sa sagesse (1).

Mais si elles peuvent être si favorables, nous manquons au patriotisme en négligeant de nous les ménager. Voulons-nous en jouir? augmentons le nombre des députés : il y aura plus d'orateurs ; leur influence sera plus facile.

Lorsque les députés sont peu nombreux, ils se connaissent tous ; ils se voient de trop près ; pour la puissance de l'orateur, il faut qu'il soit placé dans un lointain ; l'amour propre de ses collègues trouverait facilement dans sa vie privée des motifs de lui résister, mais il se soumettra sans peine à lui s'il ne le connaît que par son génie.

Lorsque les haines sont exaspérées, si les partis sont représentés par quelques hommes, ce ne seront pas, dans la chambre, les partis qui se détesteront, ce seront les hommes. Quelle influence espérer de ceux qui, dans

---

(1) On sent que c'est le seul cas où la chambre des pairs puisse corriger la chambre des députés. Il s'agit de l'avertir d'une erreur d'enthousiasme et le temps l'en a déjà averti. Mais dans tous les autres cas que j'ai prévus, si la chambre des députés était faible, si elle était corrompue, etc. On sent que les pairs ne pourraient tenir contre les députés indignés de leur opposition, et contre le pouvoir exécutif, maître de changer à son gré leur opinion.

leur cœur, nous ont juré une haine person-
nelle ?

On dit que dans notre chambre il y a cinq
partis, dont l'opinion est prononcée avant la
délibération. Un seul des cinq, celui des doc-
trinaires, accueille la vérité, de quelque part
qu'elle vienne, mais il est fort peu nombreux.
Comment un orateur peut-il monter à la tribune ? Quel désespoir pour celui qui veut
servir sa patrie et la vérité, de voir qu'il les
invoque en vain ! Quelle fatigue d'agir inces-
samment contre des masses immobiles, contre
des hommes dont la place a déjà fixé l'opinion, et que toute la force de l'éloquence hu-
maine n'arracherait pas plus tôt de leur opinion que de leur place !

Augmentez les députés, ces inconvéniens
ou disparaissent ou diminuent : les députés se
connaissent moins, les haines sont moins in-
dividuelles ; enfin les partis sont moins pro-
noncés, moins immuables ; il y a plus de
nuances de partis ; il y a plus d'hommes ver-
tueux qui n'ont d'autre parti que la patrie et
la vérité. L'enthousiasme commencé par eux
se communique plus facilement dans une
grande foule ; l'éloquence de l'orateur s'ac-
croît de sa puissance ; il est permis enfin d'espérer quelque influence de la sagesse, du
patriotisme ou des vertus, autorisée par l'ascendant du génie.

Tout seconde mes principes ; il n'est pas une
objection qui puisse les détruire.

J'ai entendu dire que les délibérations seraient trop longues; la chambre les ferme quand elle veut, et la chambre seule a le droit de se plaindre de leur longueur. Est-ce un mal pour la patrie? Si la nécessité exige une courte discussion, les orateurs céderont bien à la nécessité. Hors de là, est-il un homme raisonnable qui se plaigne de ce qu'une loi, à laquelle il doit obéir, a été trop longuement méditée, c'est-à-dire, de ce qu'on a trop consulté ses intérêts? C'est le pouvoir exécutif qui a besoin de promptitude; il agit: c'est le pouvoir exécutif qui a besoin de lenteur; il délibère.

Quelques personnes craindraient que la chambre ne fût trop tumultueuse!.... comme si un tumulte momentané, suspendant les delibérations, en changeait les résultats; comme si ce tumulte ne se renfermait pas dans la chambre, et allait se répandre dans toute la nation! Quel inconvénient y voit-on donc? Quel avantage plus grand verrait-on dans le silence qui régnerait au milieu de deux ou trois cents députés, dont quelques-uns parleraient parce qu'ils voudraient éclairer leur opinion; dont les autres se tairaient, parce que leur opinion serait dès long-temps formée? Qu'on prouve que ce silence est favorable à l'intérêt de la patrie et de la liberté, on prouvera qu'il est désirable.

Cette objection sert à mon système; si la chambre a des momens tumultueux, ils seront rares ; il serait ridicule de soutenir que neuf cents députés dont l'âge et le choix de la nation nous garantissent la sagesse , oublieront si facilement leur dignité. Eh bien ! cela même qui suscitera quelquefois le tumulte au milieu d'eux , y nourrira toujours une agitation heureuse et modérée , je veux dire que la chambre sera animée ; je veux dire qu'elle n'aura pas un moment de langueur ; je veux dire qu'échauffée par une rivalité de patriotisme , il n'y aura pas un besoin , pas un intérêt de la nation sur lequel elle se refroidisse jamais ; rien ne sera oublié ; tout sera recherché avec scrupule , recueilli avec soin, médité avec sagesse et réparé avec ardeur. Au milieu de cette émulation générale on ne verra pas ces momens de sommeil qui apprennent aux rois que les nations ont oublié leurs droits et leur force ? on ne verra plus, ce que l'on a déjà vu parmi nous, le roi forcé de proroger la chambre , parce que ses membres ne sont plus assez nombreux pour délibérer, la chambre anéantie par la désertion de ceux qui la composent. Ne frémit-on pas d'un pareil événement ? la nation renonçait donc à être représentée ? elle abjurait donc ses droits ? elle abdiquait donc sa liberté ? voulait-elle imiter l'exemple des Danois et déclarer comme eux son roi au-dessus de toutes les lois humaines ? que serait-il donc arrivé si nous avions eu sur le trône un Frédéric III, pour accepter notre présent.

Mais les faits parlent ici plus haut que le raisonnement.

Si j'ai quelquefois appelé l'histoire à mon secours dans cet écrit, on me le pardonnera. Dans les matières politiques, il est toujours plus sûr d'invoquer la pratique que la théorie. Ce que les hommes ont fait une fois, ramenez les mêmes occasions, ils le feront encore. « Les hommes, dit admirablement « Fénélon, sont superficiels dans le bien « comme dans le mal. » Placez-les à différens temps, dans des circonstances semblables, ils se laisseront aller à leur nature et arriveront au même but.

Si donc l'histoire du passé est pour nous un gage de l'avenir, consultons la, elle nous fournit un exemple qui confond toutes ces objections.

Je demande neuf cents députés. Ils étaient douze cents à l'assemblée constituante. Furent-ils trop tumultueux, trop faciles aux mauvaises influences, trop lents dans leurs délibérations? que l'on veuille lire, dans le dernier ouvrage de madame de Staël, l'admirable analyse qu'elle fait de leurs travaux, on y verra la meilleure réponse à tous les doutes que l'on peut concevoir, et la meilleure confirmation des vérités que j'ai exposées.

Je l'ai dit, je demande que neuf cents députés soient admis à la chambre.

J'aurais tremblé de proposer une innovation; mais les vœux de tous les sages m'ont inspiré; l'histoire entière m'a rassuré.

— J'ai mon excuse dans mon but :

Épris de la liberté nouvelle de la France, je fais pour elle, du fond de mon cœur, le souhait que Fra-Paolo mourant adressait à sa patrie : *Esto perpetua !*



FIN.

www.ingramcontent.com/pod-product-compliance
Lightning Source LLC
Chambersburg PA
CBHW061644050726
47598CB00004B/1442